PUBLICATIONS DE L'OFFICE

Des Brevets d'Invention Français et Etrangers

et des Marques de Fabrique.

LOI ANGLAISE

SUR LES

MARQUES DE FABRIQUE

ENREGISTREMENT. — FORMALITÉS.

CLASSIFICATION DES PRODUITS

TAXES.

PARIS

13, BOULEVARD SAINT-MARTIN, 13

Maisons à Londres et à Bruxelles

Correspondants dans tous les Etats.

1876

PUBLICATIONS
DE
L'OFFICE

L'INVENTION
Paris, 8 fr. - Départements, 10 fr.

LA PRIORITÉ
Journal-Catalogue des Brevets d'invention

DICTIONNAIRE TECHNOLOGIQUE
FRANÇAIS, ANGLAIS, ALLEMAND

L'ANNUAIRE DES INVENTEURS
ET
DES FABRICANTS
OU RÉSUMÉ DES LÉGISLATIONS FRANÇAISE
ET ÉTRANGÈRES
Sur les brevets d'invention et les marques
de fabrique.

ÉTUDE ET CONSTRUCTION
DES MACHINES ET APPAREILS
ATELIER DE DESSIN INDUSTRIEL

CONSULTATIONS
Légales et Industrielles

RENSEIGNEMENTS SUR TOUS BREVETS
FRANÇAIS ET ÉTRANGERS.

RECHERCHES d'ANTÉRIORITÉS

Comptes-rendus et Analyses
de Brevets.

L'OFFICE se charge des demandes de
brevets français et étrangers, et des tran-
sactions qui s'y rapportent. — Un tarif à
prix fixes règle les conditions de toutes les
opérations.
L'Office n'est responsable du paiement
des taxes ultérieures en France et à l'E-
tranger, qu'autant que les fonds lui ont été
versés en temps utile, et avec désignation
spéciale. — Il y a à payer des taxes en:
France
Alsace-Lorraine
Belgique   } chaque année
Autriche
Italie
Angleterre, la 3e et la 7e année.
Les documents techniques sont, avant
dépôt, communiqués aux inventeurs.
Les délais d'exploitation sont:
France, Alsace-Lorraine, Italie, Portu-
gal, Suède, Norwége, 2 ans. — Angleterre,
Etats-Unis, libre. — Russie, 15 mois. —
Belgique, un an après l'étranger. — Espa-
gne, Autriche, Danemark, un an. — Prusse
et Etats d'Allemagne, de 6 mois à un an.
— L'exploitation doit être signifiée aux
gouvernements respectifs.
En cas de refus ou retraits de brevets, les
débours et honoraires sont acquis à l'Office.
Les inventeurs doivent généralement
attendre la délivrance de leurs brevets
avant de commencer l'exploitation.
Les titres et brevets obtenus doivent être
réclamés à l'Office.

Paris, — Imp. priv. de Ch. Desnos.

OFFICE DES BREVETS D'INVENTION

FRANÇAIS ET ÉTRANGERS

ET DES MARQUES DE FABRIQUE

(Fondé en 1845)

INGÉNIEUR-DIRECTEUR : CH. DESNOS

ANCIEN ÉLÈVE DE L'ÉCOLE CENTRALE

SECRÉTAIRE DE L'OFFICE : Ad. GUION.

**PARIS : 13, boulevard Saint-Martin,
et 20, rue Meslay.**

MAISONS A LONDRES, BRUXELLES ET NEW-YORK
CORRESPONDANTS DANS TOUS LES ÉTATS.

Paris, le _________________________ 18

M

J'ai l'honneur de vous informer que la nouvelle Loi Anglaise sur les Marques de Fabrique, a fixé, comme dernier délai d'enregistrement, le 1er Juillet 1876, pour les Marques actuellement en usage.

Sur votre demande, je vous enverrai sans frais le texte complet de cette nouvelle Loi.

Je suis également à votre disposition pour vous fournir toutes informations et tous renseignements non-seulement sur les Marques et Patentes Anglaises, mais aussi sur les Législations de tous les pays où la propriété industrielle est garantie

Dans le cas où vous voudriez bien m'envoyer des ordres au sujet de votre Marque en Angleterre, j'effectuerai le dépôt régulier en accomplissant en temps utile et dans les meilleures conditions les diverses formalités nécessaires.

Je vous prie d'agréer, M   ,

mes respectueuses salutations.

CH. DESNOS.

LOI ANGLAISE

SUR LES MARQUES DE FABRIQUE

RÉSUMÉ

En exécution d'un décret en date du 13 Août 1875, il a été ouvert à Londres, le 1er Janvier 1876, un Bureau Officiel pour l'enregistrement des Marques de Fabrique.

1. — Enregistrement des Marques de Fabrique. — L'enregistrement des marques de fabrique et des noms des propriétaires des dites marques, sera établi sous la direction des « *Commissioners of Patents,* » te à partir du 1er Juillet 1876, aucune poursuite en contrefaçon d'une marque ne pourra être exercée, si cette marque n'a pas été enregistrée.

2. — Caractères distinctifs de la marque enregistrée. — Une marque de fabrique doit être enregistrée comme s'appliquant à certaines marchandises ou classes de marchandises; elle ne sera transmissible qu'avec la cession des affaires ou du commerce concernant les dites marchandises ou classes de marchandises, et elle ne pourra être appliquée qu'aux produits, articles etc.. de ce commerce.

3. — Droit du premier propriétaire d'une Marque de Fabrique. — L'enregistrement d'une personne comme premier propriétaire d'une marque de fabrique, sera considéré, *primâ facie*, comme une preuve de son droit à l'usage exclusif de cette marque ; et à l'expiration de cinq années, cet enregistrement, sera considéré comme preuve concluante du droit de la personne à la propriété de la marque.

4. — Droit du propriétaire revendiquant une marque en vertu d'un transfert. — Tout cessionnaire d'une marque qui aura obtenu l'enregistrement en son nom de la dite marque déjà enregistrée, aura les mêmes droits que le propriétaire primitif.

5. — **Rectification du registre.** — Dans le cas où une personne, n'ayant pas de titre pour le moment à la propriété exclusive d'une marque, serait enregistrée comme propriétaire de celle-ci, ou bien si le Greffier refusait d'enregistrer le nom d'une personne qui auraitdroit momentanément à l'emploi exclusif d'une marque, ou bien encore si une marque avait été indûment enregistrée, le Tribunal compétent, à la demande de toute personne lésée, peut ordonner, s'il juge la demande fondée, la rectification du registre, et allouer des dommages et intérêts.

Si plusieurs personnes revendiquaient séparément la même marque, comme leur propriété individuelle, le Greffier avant de procéder à l'enregistrement, pourra soumettre ou exiger que les requérants soumettent leurs droits aux tribunaux.

En cas de procès, le Tribunal peut décider si la marque doit ou ne doit pas être enregistrée; il a tout pouvoir pour statuer sur le droit que chacune des parties peut avoir à l'enregistremeut; il peut aussi ordonner toute radiation ou rectification qu'il jugerait équitable.

Le Tribunal peut trancher toute question de fait qui lui serait soumise dans l'esprit de cet article.

Chaque fois qu'une rectification du registre aura été ordonnée, notification en sera faite au Greffier par le Tribunal.

6. — **Restrictions apportées à l'enregistrement des Marques de Fabrique.** — Le Greffier ne pourra enregistrer sans l'autorisation spéciale du Tribunal, une marque destinée à certaines marchandises ou classes de marchandises, s'il a été enregistré antérieurement (pour les mêmes produits ou classes de produits) une marque identique ou offrant assez de ressemblance pour induire en erreur.

Le Greffier ne pourra non plus légalement enregistrer, comme partie ou accessoire d'une marque, soit des dessins ou emblêmes scandaleux, soit des noms ou expressions paraissant calculées ou disposées dans un but de fraude et ne pouvant par cela même, tomber sous la protection d'une cour d'Equité.

7. — **Organisation de l'enregistrement et règles générales.** — Cet article spécifie qu'un bureau d'enregistrement des marques sera ouvert au plus tard le 1er Janvier 1876; il traite de son organisation et établit aussi les droits du Lord Chancelier, relativement à la modification des taxes et des réglements.

8. — **Certificat du Greffier considéré comme preuve.** — Le certificat délivré par le Greffier sera considéré comme une preuve des faits et attestations qui y sont consignés.

9. — Marques de Sheffield. — Cet article traite exclusivement des formalités relatives à l'enregistrement des marques de la corporation des couteliers de Sheffield, et réglemente les différents cas qui peuvent se présenter.

DÉFINITIONS.

---

10. — Une marque de fabrique consiste en un ou plusieurs des signes, emblêmes ou caractères distinctifs suivants :

Le nom d'un individu ou d'une raison sociale, peint, imprimé, tissé ou venu de toute façon particulière et distincte ;

La signature manuscrite ou une copie de la signature manuscrite d'un individu ou d'une raison sociale.

Un dessin ou devise, une marque, vignette ou cachet, signes particuliers, auxquels on peut ajouter toutes lettres, mots ou figures, ou combinaisons de lettres, mots ou figures ;

Les mots, chiffres ou lettres ou combinaisons de mots, chiffres, lettres ou figures, employés comme marques avant la promulgation du présent décret, peuvent être enregistrés comme tels conformément à cette loi.

RÈGLES GÉNÉRALES

1. — **Classification.** — La classification des produits est spécifiée dans l'annexe numéro 1.

2. — **Taxes.** — Les taxes, ou droits, pour les dépôts de marques, sont indiqués dans l'annexe numéro 2.

3. — **Détermination de la classe en cas de doute.** — Si quelque doute s'élève relativement à la classe à laquelle peut appartenir la description d'un produit, cette classe sera déterminée par le Greffier ou Directeur de l'Enregistrement.

4. — **Enregistrement de Marques différentes ou des mêmes Marques en différentes classes.** — Plusieurs marques différentes peuvent être enregistrées en vertu de la même demande faite par la même personne, pour un ou pour plusieurs produits ; le déposant devra alors acquitter la taxe principale, ainsi que les différentes taxes additionnelles spécifiées à l'annexe numéro 2 qui détermine les droits à percevoir pour l'enregistrement des marques en une seule ou en plusieurs classes.

Demande d'Enregistrement

5. — **Formalités à remplir.** — Tout demandeur, sujet anglais ou étranger, désirant faire enregistrer une ou plusieurs marques de fabrique, devra remettre au Greffier :

1° Un exposé de l'emploi et de l'usage de la ou des marques ;

2° La déclaration ci-après indiquée ;

3° Le montant de la ou des taxes.

6. — **Contenu de l'exposé de la demande.** — L'exposé doit contenir les détails suivants :

A. — Les noms, adresse et profession du demandeur.

B. — La description et les dessins, spécimens ou exemplaires de la marque à enregistrer.

C. — L'indication de la ou des classes dans lesquelles doivent être rangés les produits (classes indiquées à l'annexe numéro 2.) Chaque produit doit avoir une description spéciale mentionnant la classe pour laquelle le demandeur désire que la marque soit enregistrée.

D. — Dans le cas où la marque de fabrique aurait été employée avant la promulgation de la présente Loi, l'exposé devra contenir une description des produits sur lesquels elle a été appliquée et mentionner le temps pendant lequel elle a été en usage.

7. — **Indications de l'Exposé.** — L'exposé ci-dessus doit porter une date et la signature du demandeur; il doit contenir en outre toutes indications qui pourraient être requises par le Greffier; cet exposé doit être écrit en anglais sur papier fort spécial d'une dimension d'environ 33 centimètres (13 pouces) sur 20 centimètres (8 pouces) avec une marge d'environ 37 millimètres (1 pouce 1/2) à gauche de la feuille.

8. — **Nature, dimensions, fac-simile ou représentation de la Marque.** — Il devra être fourni deux copies manuscrites de la description de la marque ou des marques de fabrique. Ces descriptions devront être accompagnées, autant que possible, de deux exemplaires d'un dessin ou spécimen, dont la dimension ne devra pas être moindre de 3 pouces carrés, collé sur papier spécial du format réglementaire indiqué à l'Art. 7.

Quand le dessin ou le spécimen de la marque ne pourra être fourni dans les dimensions qui viennent d'être spécifiées, il sera produit soit de grandeur naturelle, soit à une échelle réduite et dans la forme qui serait jugée la plus convenable.

Le Greffier pourra, si le dessin de la marque ne lui paraît pas satisfaisant, en exiger un nouveau avant de donner suite à la demande, et même avant d'enregistrer la marque.

Le Greffier peut aussi, dans des cas exceptionnels, déposer au Musée des Patentes, le spécimen ou la copie d'une marque qui ne pourrait être placée dans le Registre, et il pourra noter sur celui-ci, relativement à cette marque, toute référence ou indication qu'il jugerait utile.

9. — **Déclaration sous serment accompagnant la demande.** — Cette déclaration doit énoncer que, dans la croyance sincère du demandeur, il est légalement autorisé à employer la marque de fabrique qu'il présente à l'enregistrement. Elle doit être rédigée en anglais, signée et écrite sur papier spécial du format indiqué à l'article 7.

10. — **Marque de Fabrique d'une Compagnie.** — Quand une demande d'enregistrement de marque est présentée pour une Compagnie, Corporation ou Société, l'exposé et la déclaration seront faits par le Secrétaire ou autre fonctionnaire principal, fondé de pouvoirs de la Compagnie ; dans ce cas, le Greffier pourra exiger toutes preuves constatant que le demandeur est bien et dûment autorisé par la dite Compagnie, Société etc..

11. — **Reçu de la demande.** — Après avoir reçu la demande d'enregistrement, le Greffier enverra aux demandeurs un accusé de réception.

PUBLICITÉ DES DEMANDES ET NOTIFICATION D'OPPOSITION.

---

12. — **Publicité de la demande.** — Après réception d'une demande faite selon ces Règles, le Greffier requerra du déposant, et à bref délai, l'insertion d'une annonce dans le Journal Officiel. Cette annonce faite dans la forme et pendant le temps que le Greffier jugera convenables, devra mentionner si la marque a été ou n'a pas été employée avant le 13 Août 1875.

13. — **Choix du Journal Officiel de publication.** — Le Journal Officiel des Marques de Fabrique sera par exemple le Journal : *The Commissioners of Patents*, ou tout autre recueil désigné à de certaines périodes par la Commission des Patentes ou par l'un de ses membres, et publié sous sa direction.

14. — **Moyens de publicité à fournir au Journal Officiel.** — Le demandeur peut être tenu de mettre à la disposition de l'imprimenr du Journal Officiel un cliché typographique (ou tout autre moyen d'impression de la marque) dont les dimensions seront désignées par le Greffier.

15. — **Opposition.** — **Formalités à remplir.** — La notification d'opposition ne pourra être remise au Greffier qu'avec la taxe prescrite ; cette notification en duplicata, écrite sur papier spécial du format indiqué, devra motiver l'opposition ; des copies, dessins ou spécimens de la marque de l'opposant, devront être joints à cette notification ; entre autres renseignements, il devra être mentionné depuis combien de temps cette marque est connue en Angleteree, et l'importance du trafic des produits sur lesquels elle est appliquée.

Le Greffier enverra au demandeur une copie de cette notification. Dans l'espace de trois semaines à partir de la réception de cette dernière, ou après une longue période si le Greffier le permet, le demandeur devra lui envoyer (sur papier spécial des dimensions indiquées) un contre-exposé discutant les différentes raisons à l'appui de sa demande ; s'il ne le faisait pas, il serait considéré comme ayant abandonné celle-ci.

Si le demandeur envoie son contre-exposé, le Greffier exigera de l'opposant, le dépôt d'un cautionnement de la manière et jusqu'à concurrence de la somme qu'il jugera convenable, à l'effet de pourvoir aux frais auxquels pourraient donner lieu les suites de l'opposition ; et si ce cautionnement n'est pas déposé dans l'espace de 14 jours à partir de la date de sommation un dans ou plus long, délai, si le Greffier l'accorde, l'opposition sera considérée comme non-avenue.

<hr>

ENREGISTREMENT DES MARQUES DE FABRIQUE.

<hr>

16. — **Durée de la période d'enregistrement.** — Trois mois après la première publication dans le Journal Officiel, le Greffier peut, s'il est convaincu que le déposant est légalement fondé dans sa demande, enregistrer la marque de fabrique applicable sur les produits pour lesquels le demandeur a droit à l'enregistrement ; et par suite, il pourra lui adjuger la propriété de la marque contre le paiement de la taxe réglementaire.

17. — **Revendication d'une même Marque ou de Marques similaires par diverses personnes.** — Si une demande d'enregistrement est présentée par plusieurs personnes se déclarant, chacune de son côté, propriétaire de la même marque ou d'une marque similaire concernant les mêmes produits ou des produits appartenant à la même classe, le Greffier décidera de sa propre autorité, comment et avec quelles modifications, s'il y a lieu, ces marques pourront être enregistrées. Il pourra, s'il le juge utile, soumettre leurs prétentions à un Tribunal, ou exiger qu'elles les soumettent elles-mêmes.

18. — **Défense d'enregistrer deux fois la même marque, ou une marque similaire, pour les mêmes produits.** — Quand une première marque de fabrique concernant des produits appartenant à une classe spécifiée, a été enregistrée, une autre marque identique à la première, ou ayant avec elle des ressemblances calculées dans le but d'induire en erreur, ne sera pas enregistrée relativement à aucun produit de la même classe, au nom d'une autre personne, comme propriétaire légal sans le consentement des Tribunaux.

19. — Des Marques similaires pour des produits de même nature ne peuvent être enregistrées en deux classes différentes. — Lorsqu'une marque aura été enregistrée dans une classe déterminée pour des produits appartenant à deux ou plusieurs classes, il ne sera pas enregistré de marque semblable pouvant induire en erreur sur la provenance de la marchandise ou produit, au nom d'une autre personne que le premier déposant et dans une autre classe, à moins d'une décision préalable des Tribunaux.

20. — Indications à enregistrer. — Le Greffier inscrira sur son registre spécial, la date de réception de l'exposé relatif à la demande (laquelle sera considérée comme date d'enregistrement) et tous autres détails qu'il jugerait nécessaires, en y comprenant les noms, prénoms et adresse du demandeur.

21. — Notification d'enregistrement. — Le Greffier enverra au demandeur, un avis constatant que sa marque a été enregistrée.

22. — Les fidéicommis ne doivent pas être enregistrés. — Ne sera pas inscrite au registre ni recevable par le Greffier, toute notification de fidéicommis formel ou implicite.

---

23. — Enregistrement du cessionnaire ou de l'ayant-droit. — Toute personne à laquelle une marque de fabrique enregistrée a été cédée ou transmise, peut faire une demande d'enregistrement comme nouveau propriétaire de la dite marque.

24. — Production de l'acte de cession par le cessionnaire. — Si une marque de fabrique a été transmise, vendue ou cédée, le cessionnaire, en faisant la demande d'enregistrement en son nom, devra remettre au Greffier, un acte authentique de cession, portant sa signature et celle du premier propriétaire, ainsi qu'une déclaration sous serment certifiant véritable ledit transfert.

25. — **Transmission par donation. décès, mariage, faillite etc..** — Si une marque de fabrique est transmise par décès du propriétaire, son ou ses ayants-droit seront reconnus comme nouveaux propriétaires.

Dans le cas où la marque serait transmise par mariage, faillite ou autre transmission d'ordre judiciaire et légal, le nouveau propriétaire devra fournir au Greffier, avec sa demande d'enregistrement, un exposé de la transmission à lui faite, et une déclaration certifiant véritable ledit exposé.

Tout cessionnaire, donataire ou ayant-droit peut transférer sa propriété bien qu'il n'ait pas été inscrit ou enregistré comme nouveau propriétaire de la marque.

26. — **Preuves à produire.** — Toute personne demandant l'enregistrement de son nom à titre d'ayant-droit d'un propriétaire enregistré, ou à titre de cessionnaire d'un ayant-droit, devra fournir au Greffier les preuves suivantes :

A. — *Si la fabrication ou la vente des produits pour lesquels la marque a été enregistrée, se fait en Angleterre ou en Irlande :*

1. Si la transmission a eu lieu par suite du décès du propriétaire, il devra être produit le testament de la personne décédée ou les pouvoirs de l'Administrateur Liquidateur des biens ou un extrait notarié de ces pouvoirs.

2. Si la transmission a eu lieu par suite du mariage d'une femme propriétaire d'une marque, il sera produit une copie anthentique de l'acte de mariage ou toute autre preuve légale, et, de plus, une déclaration d'identité de ladite propriétaire.

3. Si la transmission a eu lieu par la faillite du propriétaire enregistré ou par toute autre cause judiciaire, il devra être fourni au Greffier toutes pièces pouvant, pour le moment, être recevables comme preuves du droit du demandeur.

B. — *Quand la fabrication n'est pas faite en Angleterre ou en Irlande :*
Il sera produit des actes équivalents à ceux spécifiés ci-dessus ou toutes autres preuves qui pourraient être reçues comme suffisantes devant les Tribunaux de justice du pays.

27. — **Déclaration sous-serment, du cessionnaire ou de l'ayant-droit.** — Toute déclaration faite par un cessionnaire, un ayant-droit ou un donataire, devra mentionner son nom et son adresse ; ladite déclaration devra stipuler aussi s'il a droit à tout ou partie de la propriété de la marque.

28. — **Transmission de marques de propriété collective.** — Quand deux ou plusieurs personnes sont enregistrées comme propriétaires collectifs de la même marque, ces propriétaires ou leurs survivants, ainsi que leurs cessionnaires seront seuls reconnus par le Greffier comme ayant droit à la dite marque.

29. — **Enregistrement de la Marque partagée.** — Dans le cas où la propriété d'une marque déposée serait simultanément revendiquée par plusieurs personnes, celles-ci ou l'une d'elles, mandataire des autres, pourront, après avoir fourni les preuves suffisantes et payé la taxe prescrite, être reconnues séparément comme propriétaires individuels de ladite marque. Si toutes les personnes ayant droit ne donnent pas pleinement leur consentement, le Greffier n'enregistrera aucune d'entre elles comme propriétaire de la marque, sans un jugement du Tribunal.

RENOUVELLEMENT D'UNE MARQUE DE FABRIQUE SUR LE REGISTRE.

30. — **Radiation d'une Marque de Fabrique après quatorze ans, à moins de paiement de la taxe.** — Avant l'expiration de quatorze années à partir de la date du dépôt, et dans une période qui ne devra pas être moindre de deux mois, ni aller au-delà de trois, le Greffier enverra au propriétaire de la marque enregistrée, un avis indiquant que celle-ci va être retirée du registre des marques en vigueur, à moins qu'il ne verse la taxe prescrite pour la continuation. (Cet avis devra mentionner la date de l'échéance); en cas de non-paiement, un deuxième avis sera envoyé à un mois de distance du premier, et si le versement n'est pas effectué avant l'expiration des quatorze ans, le Greffier peut, trois mois *après* l'échéance, retirer la marque du registre, et ainsi de suite à l'expiration de chaque période de quatorze ans.

31. — **Paiement de la taxe additionnelle après l'expiration des quatorze ans.** — Si, pendant les trois mois qui suivent l'expiration des quatorze ans, le propriétaire paie la taxe ainsi que le droit additionnel requis, le Greffier peut, sans retirer la marque du registre, percevoir a dite taxe, comme si elle avait été payée avant l'expiration des quatorze années.

32. — **Pouvoirs donnés aux Commissaires des Patentes, de réintégrer une Marque enlevée du registre.** — Si, après les trois mois de délai qui viennent d'être mentionnés, une marque de fabrique a été retirée du registre pour cause de non paiement, les Commissaires des Patentes, ou l'un des Commissaires délégué, peuvent s'ils le jugent équitable, replacer validement cette marque sur le registre contre paiement d'une taxe additionnelle et sous les conditions qu'ils pourraient déterminer.

33. — Une Marque semblable à celle retirée du registre, ne peut être enregistrée avant cinq ans. — Quand une marque de fabrique a été retirée du registre des marques en vigueur pour une cause quelconque, ladite marque sera néanmoins pendant cinq années à partir de la date de radiation, considérée comme marque enregistrée en exécution de l'Art. 6 de la Loi, et à cet effet seulement.

34. — Radiation de la Marque en cas de non-exploitation. — Le Tribunal peut, sur l'instance de toute personne lésée, ordonner la radiation d'une marque cinq ans à partir de la date de son enregistrement, s'il est prouvé que le propriétaire ne l'exploite pas, c'est-à-dire s'il n'est engagé dans aucune affaire ayant rapport aux produits pour lesquels sa marque a été enregistrée.

MODIFICATION ET RECTIFICATION SUR LE REGISTRE.

35. — Modification des parties non-essentielles de la Marque. — Le propriétaire d'une marque de fabrique déposée peut la modifier avec l'autorisation des Tribunaux, pourvu qu'il n'en change aucune des particularités distinctives (définies par l'Art. 10 de la Loi.) Le Greffier, après avoir perçu la taxe règlementaire, se conformera à ses indications et modifiera la marque sur le registre.

36. — Modification sur le registre. — Quand un jugement des Tribunaux ordonnant la rectification d'une marque de fabrique enregistrée, a été transmis au Greffier, celui-ci, après réception d'un extrait du jugement, et contre le paiement de la taxe, procèdera à la modification sur le registre, conformément audit jugement.

37. — Publicité des modifications faites sur le registre. — Quand une ou plusieurs marques de fabrique auront été modifiées, le Greffier, s'il le juge nécessaire, fera publier, aux frais de toute personne intéressée, par une annonce, ou autrement, et de la manière qu'il jugera convenable, les circonstances concernant la rectification du registre.

38. — Enregistrement d'opposition. — Toute personne peut, en payant la taxe voulue, envoyer au Greffier un avis d'opposition à l'enregistrement d'un cessionnaire, donataire ou ayant-droit ; elle peut aussi donner avis qu'elle s'oppose à la modification de la marque.

Le Greffier devra, dans ce cas, transmettre au demandeur ledit avis d'opposition ; il pourra alors exiger un cautionnement comme il est indiqué au § 15 concernant l'avis ou notice d'opposition à l'enregistrement d'une marque.

En ces circonstances, le Greffier peut, s'il le croit nécessaire, demander anx intéressés que leurs réclamations et droits respectifs soient soumis aux Tribunaux.

39. — Modification ou changement d'adresse sur le registre. — Si le propriétaire d'une marque de fabrique enregistrée, ayant changé ou déplacé le lieu de sa fabrication ou de son commerce, envoie au Greffier, en y joignant la taxe réglementaire, un avis demandant l'inscription de sa nouvelle adresse, le Greffier sera tenu de faire droit à cette demande.

Communication du Registre.

40. — Communication et copie des Marques. — Aux jours et pendant les heures déterminés par le Greffier (qui devront être d'au moins trois heures prises à trois jours séparés par semaine) toute personne peut, en payant le droit mentionné à l'Annexe numéro 2, consulter le registre des marques, et, après avoir acquitté une autre taxe réglementaire, obtenir une copie authentique d'une marque quelconque.

41. — Certificat ou copie authentique d'une Marque. — Lorsque, pour une action judiciaire ou autre but spécial, le Greffier sera requis de fournir la copie ou le certificat d'une marque, il devra le faire après avoir perçu préalablement la taxe voulue ; il précisera alors au recto du dit certificat, l'action judiciaire ou autre but spécial en vue duquel il l'a accordé.

Instances devant les Tribunaux.

42. — Tribunal compétent. — Le Tribunal compétent pour en connaître en fait de marques, sera la Cour des Comptes du Tribunal supérieur de justice de Sa Majesté.

43. — Les requêtes ou instances auprès du dit Tribunal, pourront être faites soit par motions ou par demandes déposées dans les Bureaux des Archives ou de toute autre manière.

44. — Les revendications contestées sont soumises au Tribunal. — Quand le Greffier refuse de donner suite à la demande d'une personne quelconque jusqu'à ce que les droits du demandeur aient été établis par les Tribunaux, la manière dont ces droits seront soumis au Tribunal par le Greffier ou s'il l'exige, par le ou les demandeurs eux-mêmes, fera l'objet d'un exposé spécial (à moins que le Tribunal n'en décide autrement) et dans ce cas, le jugement devra attendre son tour sur la liste; il sera procédé de même pour toutes les contestations, ou de toute autre manière qui serait ordonnée par le Tribunal.

SYNDICAT DES MAÎTRES COUTELIERS.

46. — Détermine le délai accordé aux Couteliers de Sheffield pour envoyer au Greffier les copies de leurs anciennes marques.

47. — Est relatif au dépôt des anciennes marques de Sheffield.

48. — Spécifie que les Couteliers de Sheffield doivent envoyer au Greffier les copies de leurs nouvelles marques dans le plus bref délai possible.

49. — Est relatif au dépôt des nouvelles marques de Sheffield.

50. — Traite de la période de négociation de la nouvelle marque.

51. — Mentionne le délai de la notification au Syndicat des Couteliers, des demandes d'enregistrement des nouvelles marques.

52. — Traite du mode de notification au Syndicat des Couteliers d'une demande de nouvelle marque.

53. — Détermine le délai entre la signification au syndicat et l'enregistrement du dépôt.

54. — Détermine le délai dans lequel doit être signifiée l'attribution de la marque ou son enregistrement.

55. — Détermine le mode d'avis de cet enregistrement ou attribution.

56. — Détermine les formules, dimensions et dispositions des copies à fournir par le Syndicat des Couteliers.

DÉCLARATION ET ATTESTATION.

57. — **Dispense de déclaration et de preuve etc..** — Dans toute circonstance où une personne quelconque est, conformément à cette Loi, obligée à faire une déclaration pour son compte personnel ou pour le compte d'une Corporation ou Compagnie, ou bien à fournir toute preuve au Greffier, celui-ci, s'il juge que, pour une cause motivée quelconque, cette personne est incapable de faire la déclaration, ou que l'attestation ou preuve n'est pas absolument nécessaire, peut ne pas l'exiger, mais il pourra demander un affidavit ou autre déclaration, ou toutes preuves soumises aux conditions qu'il jugerait convenable de déterminer.

58. — **Mode de déclaration et personnes devant lesquelles elle peut être faite.** — Les déclarations sous-serment, ou affidavits, seront faites dans le Royaume-Uni de Grande Bretagne, selon les statuts de l'Acte des 5e et 6e années du règne de Guillaume IV, Chapitre 62.

La déclaration pourra être faite par-devant un Maître en Chancellerie ou un Commissaire ou tout autre Officier de la Loi qui aurait l'autorisation de déférer le serment pour une question légale quelconque.

Déclaration hors du Royaume-Uni :

A. — Si la déclaration, ou l'affidavit, a lieu dans les possessions de Sa Majesté Britannique, elle devra être faite par-devant un Magistrat du Tribunal ou officier ministériel quelconque, légalement autorisé à déférer ou recevoir un serment.

B. — Si elle a lieu en dehors des possessions de Sa Majesté Britannique, elle sera faite par-devant un Consul, Vice-Consul, Chancelier ou autre Officier du Consulat Anglais.

59. — **Sceau Officiel établissant l'authenticité de la déclaration.** — Tout document manuscrit ou imprimé, revêtu du timbre ou de la signature d'un magistrat autorisé à recevoir le serment, sera considéré comme ayant été fait par-devant lui. Le document ou la déclaration, devra être admis par le Greffier, sans autre preuve de l'authenticité du dit timbre ou de la signature; le caractère officiel du magistrat ne pourra être contesté pour mettre en doute ou suspecter la déclaration.

60. — **Déclaration par tutelle.** — Si une personne, pour quelque cause d'incapacité que ce soit, est inhabile à faire une déclaration ou à remplir les formalités exigées par la Loi, le tuteur ou le conseil de famille de la personne incapable, ou à leur défaut, une personne désignée par un Tribunal ou juge ayant autorité en ces circonstances, peut, sur la demande d'une personne intéressée, faire cette déclaration au nom et en faveur de la personne incapable, et tous les actes ou formalités remplis par le substitut, auront la même valeur et produiront les mêmes effets que s'ils avaient été exécutés par la personne substituée.

61. — **Subordination du Greffier aux Commissaires des Patentes.** — Le Greffier, dans l'exercice de ses fonctions, sera soumis à l'autorité supérieure des Commissaires des Patentes, et il devra, en toutes circonstances, se conformer aux instructions qui seraient données ou publiées par les dits Commissaires ou par un seul d'entre eux; et dans tous les cas de doute, le Greffier devra s'adresser auxdits Commissaires ou à l'un d'eux, à l'effet de demander les instructions nécessaires.

Exposés, Notices.

---

62. — **Envois par la poste.** — Les demandes, exposés, notices ou avis et documents requis par la Loi et par ces Règles, devant être fournis ou donnés, soit manuscrits, soit imprimés, soit en partie écrits et en partie imprimés, pourront être remis en personne ou bien envoyés par la poste; dans ce dernier cas, ils seront considérés comme reçus au moment où la lettre qui les contient, est distribuée; et en prouvant son envoi, il sera considéré comme preuve suffisante que la dite lettre contenant les documents exigés, était dûment affranchie, mise à la poste et suffisamment adressée.

63. — **Suscription des envois.** — Tout exposé, demande, avis ou document quelconque devant être remis au Greffier, sera considéré comme dûment adressé s'il est envoyé au Greffier ou Directeur de l'Enregistrement des Marques de Fabrique, en son bureau; et si un documen doit être livré ou expédié au propriétaire d'une marque quelconque, il sera considéré comme dûment envoyé, s'il est adressé au nom du propriétaire, à l'adresse que porte le Registre.

64. — Adjonction des Règles à la Loi. — Les présentes Règles devront être interprétées et considérées comme faisant partie intégrante de la Loi des Marques de Fabrique de 1875.

65. — Formules. — Les formules données dans la troisième annexe ou toutes autres que le Greffier pourrait indiquer, seront employées dans tous les cas auxquels elles sont applicables.

PREMIÈRE ANNEXE.

CLASSIFICATION DES PRODUITS.*

Classe 1. — Substances chimiques employées dans les manufactures, en photographie, ou dans les laboratoires.

Acides, y compris les acides végétaux. — Alcalis. — Couleurs artistiques. — Couleurs préparées. — Teintures minérales.

Classe 2. — Substances chimiques employées dans l'agriculture et l'horticulture.

Engrais naturel et artificiel.

Classe 3. — Substances chimiques employées en médecine et en pharmacie.

Teintures. — Extraits. — Ecorces diverses. — Médicaments brevetés. — Huile de foie de morue.

Classe 4. — Substances crues, végétales et animales employées dans l'industrie.

Résines. — Huiles. — Teintures. — Substances employées dans le tannage. — Substances fibreuses (coton, chanvre, cire, jute). — Laine. — Soie. — Liége. — Graines et semences. — Colle. — Os. — Eponge.

Classe 5. — Métaux bruts ou en partie forgés.

Fer et acier en saumon. — Fer brut. — Fer en barres ou en rails y compris les rails de chemin de fer. — Boulons, tringles. — Fers laminés. — Cercles. — Fils de fer. — Plomb en saumon. — Plomb boulonné, laminé. — Cuivre. — Zinc.

Classe 6. — Machines de toutes sortes et parties de machines, excepté les machines agricoles et instruments aratoires compris dans la classe 7.

Machines à vapeur. — Chaudières. — Machines pneumatiques. — Machines hydrauliques. — Locomotives. — Machines à coudre. — Machines à peser. — Machines-Outils. — Machines employées dans l'exploitation des mines. — Pompes à incendie.

(*) Nota. — Les produits mentionnés à la suite des titres généraux de chaque classe ne sont donnés que comme exemples et ne constituent pas une nomenclature complète.

Classe 7. — Machines agricoles et instruments aratoires.

Charrues. — Machines à semer. — Moissonneuses. — Machines à battre. — Ustensiles de drainage. — Ustensiles de laiterie. — Outils et instruments de jardinage. — Presses à cidre. — Ruches.

Classe 8. — Instruments de physique, de mathématique, etc..

Classe 9. — Instruments de musique.

Classe 10. — Instruments d'horlogerie.

Classe 11. — Instruments et appareils de chirurgie.

Classe 12. — Coutellerie et outils tranchants.

Couteaux. — Fourchettes. — Ciseaux. — Cisailles. — Limes. — Scies. — Tire bouchons. — Pincettes. — Tire-boutons.

Classe 13. — Articles en métal non-compris dans les autres classes.

Classe 14. — Articles en métaux précieux (y compris l'aluminium, le nickel etc..) Joaillerie, bijouterie vraie et imitation.

Vaisselle plate. — Boîtes d'horloges. — Porte-crayons. — Articles de Sheffield et autres articles plaqués. — Articles dorés et en or moulu.

Classe 15. — Verre.

Verres à vitres et glaces. — Vitraux et verres de couleurs. — Verres mosaïques. — Verres pour optique.

Classe 16. — Porcelaines et poteries.

Porcelaines. — Poteries de grès, Faïences. — Terre cuite. — Tuiles .— Briques.

Classe 17. — Produits fabriqués avec des substances minérales et autres pour constructions et décorations.

Ciment. — Plâtre, — Marbres factices.

Classe 18. — Appareils employés dans la construction, l'architecture et le génie.

Cloches à plongeur, scaphandres, etc. — Appareils de chauffage et de ventilation. — Filtres. — Appareils d'éclairage. — Appareils de drainage. — Sonnettes électriques.

Classe 19. — Armes, munitions et matériel de guerre non compris dans la classe 20.

Canons. — Fusils, pistolets, revolvers etc. — Armes de chasse. — Sabres. — Mitraille et projectiles, — Equipages de camp, — Habillements et Equipements militaires,

Classe 20. — Substances explosibles.

Poudre à canon. — Coton-Poudre. — Dynamite. — Fusées et signaux d'alarme.
Capsules à percussion. — Pièces d'artifice. — Cartouches.

Classe 21. — Constructions navales, appareils et engins maritimes.

Bateaux. — Ancres. — Câbles, chaînes. — Cabestans, treuils - Agrès. — Lochs.

Classe 22. — Voitures.

Wagons, camions, et voitures de cheminsde fer. — Vélocipèdes.

Classe 23. — Coton filé et fil de coton.

Classe 24. — Etoffes de coton en pièces de tous genres.

Classe 25. — Articles de coton non compris dans les classes 23, 24 ou 38.

Classe 26. — Lin et chanvre filés.

Classe 27. — Etoffes de lin et de chanvre en pièces.

Classe 28. — Articles de lin et de chanvre non compris dans les classes
26 et 27.

Classe 29. — Fils, tissus et autres articles faits de jute,

Classe 30. — Soie filée, tordue et à coudre.

Classe 31. — Articles de soie en pièces.

Classe 32. — Autres articles de soie non compris dans les classes
30 et 31.

Classe 33. — Fils de laine et laine à tricoter.

Classe 34. — Draps et étoffes de laines filées et tricotées ou estame.

Classe 35. — Articles de laine et d'estame non compris dans les classes
33 et 34.

Classe 36. — Tapis et toiles cirées.

Droguet. — Nattes, paillassons, descentes de lit, tapis de foyer, etc..

Classe 37. — Cuirs et peaux. Plumes, crins, etc..

Sellerie. — Harnais. — Porte-manteaux. — Fourrures. — Poils, soies. — Tissus
de crin. — Perruques. — Matelas de crin.

Classe 38. — Articles d'habillement.

Chapeaux et casquettes de tous genres. — Chapeaux de dames. — Bonneterie.
— Gants. — Chaussures. — Confection.

Classe 39. — Papier (excepté les papiers de tenture) papeterie, imprimerie et reliure.

Enveloppes. — Cire à cacheter. — Plumes (y compris les plumes d'acier). — Encre. — Cartes à jouer. — Buvards.

Classe 40. — Articles manufacturés en caoutchouc et gutta-percha, non compris dans les autres classes.

Classe 41. — Meubles et ameublements.

Papiers peints. — Papier-maché. — Miroirs. — Articles en laque.

Classe 42. — Substances alimentaires.

Céréales. — Plantes légumineuses. — Huiles. — Houblons. — Malt. — Fruits secs. — Thé. — Epices. — Sagou. — Sel. — Amidon. — Sucre. — Viandes conservées. — Miel. — Confiserie. — Biscuits. — Pains à l'huile d'olive. etc.. — Conserves au vinaigre. — Vinaigre.

Classe 43. — Liqueurs fermentées et spiritueux.

Bière. — Cidre. — Vin. — Whisky. — Liqueurs.

Classe 44. — Eaux minérales et gazeuses naturelles et artificielles.

Classe 45. — Tabac manufacturé ou non.

Classe 46. — Semences pour l'agriculture et l'horticulture.

Classe 47. — Chandelles et bougies, huiles d'éclairage, mèches, allumettes et savon commun.

Classe 48. — Parfumerie (comprenant les savons parfumés).

Classe 49. — Jouets divers. Jeux de toutes sortes. Articles de pêche.

Classe 50. — Articles divers comprenant :

1. Objets en ivoire, os, bois, non compris dans d'autres classes.

2. Articles manufacturés en paille, roseaux etc.., non compris dans d'autres classes.

3. Produits fabriqués en matières végétales ou animales, non compris dans d'autres classes.

4. Pipes.

5. Parapluies, ombrelles, etc..

6. Tous produits non compris dans les classes précédentes.

Note générale.

Tous articles faits de matières mixtes (par exemple coton et soie mélangés) seront inscrits dans toute classe appropriée que le Greffier désignera.

SECONDE ANNEXE.

TAXES.

1. Demande d'enregistrement d'une marque de fabrique pour un ou plusieurs articles compris dans une seule classe. 25 fr. »»

2. Demande d'enregistrement de plus d'une marque pour un ou plusieurs articles compris dans une seule classe; pour chaque marqne additionnelle en sus de la première. . 12 fr. 50

3. Demande d'enregistrement d'une marque relativement à des marchandises de classes différentes. Pour chaque classe à la quelle cette marque s'étend en outre de la première, une taxe additionnelle de. . . . . 2 fr. 50

4. Enregistrement de la marque. . . . . 25 fr. »»

5. Dans le cas ou une personne est enregistrée simultanément pour plusieurs marques, l'enregistrement de chaque marqne additionnelle en outre de la première sera de. 12 fr. 50

6. Enregistrement simultané d'une personne pour la même marque s'appliquant à des marchandises de classes différentes; pour l'enregistrement d'une seule marque dans chaque classe en outre de la première la taxe additionnelle sera de. . . . . 2 fr. 50

7. Enregistrement d'une notification d'opposition. . . . 50 fr. »»

8. Enregistrement d'un propriétaire succédant à un autre. . 25 fr. »»

9. Modification ou changement d'adresse sur le registre. . 6 fr. 25

10. Pour chaque rectification ou modification sur le registre, lorsqu'elle n'est pas frappée d'autre part. . . . . 12 fr. 50

11. Renouvellement de la marque à l'expiration des 14 ans. 50 fr. »»

12. Taxe supplémentaire à payer dans les 3 mois *après* l'expiration des 14 ans pour le renouvellement de la marque. 25 fr. »»

13. Taxe supplémentaire pour le rétablissement ou la réinté-
   gration de la marque lorsqu'elle a été rayée du Registre
   pour cause de non-paiement de la taxe. . . . . . . 50 fr. »»

14. Certificat constatant l'enregistrement. . . . . 25 fr. »»

15. Consultation du Registre, par chaque quart-d'heure. . 1 fr. 25

16. Copie officielle de documents, environ 0,25 centimes par
   folio, mais jamais moins de. . . . . 1 fr. 25

17. Solution de difficulté ou d'un cas spécial par le Greffier. . 50 fr. »»

---

*NOTA. — Si on demande dans un but quelconque, la Copie d'une Marque
de Fabrique, cette copie sera délivrée aux frais du demandeur.*

TROISIÈME ANNEXE.

Cette annexe comprend différentes formules d'exposé de demande d'enregistrement d'une et de plusieurs marques de fabrique ; formules de
déclaration à joindre à l'exposé de la demande d'enregistrement ; formules
d'attribution de la marque, de déclaration de cessionnaires ou ayants
droit, réclamant l'enregistrement comme propriétaires, etc..

Paris. Imprimerie privée de Ch. Desnos.

OFFICE DES BREVETS D'INVENTION ET DES MARQUES DE FABRIQUE

Boulevard Saint-Martin 13.

BIBLIOTHEQUE NATIONALE DE FRANCE
3 7511 00374668 5